BEI GRIN MACHT SICH IHR WISSEN BEZAHLT

- Wir veröffentlichen Ihre Hausarbeit, Bachelor- und Masterarbeit
- Ihr eigenes eBook und Buch - weltweit in allen wichtigen Shops
- Verdienen Sie an jedem Verkauf

Jetzt bei www.GRIN.com hochladen und kostenlos publizieren

Bibliografische Information der Deutschen Nationalbibliothek:

Die Deutsche Bibliothek verzeichnet diese Publikation in der Deutschen Nationalbibliografie; detaillierte bibliografische Daten sind im Internet über http://dnb.d-nb.de/ abrufbar.

Dieses Werk sowie alle darin enthaltenen einzelnen Beiträge und Abbildungen sind urheberrechtlich geschützt. Jede Verwertung, die nicht ausdrücklich vom Urheberrechtsschutz zugelassen ist, bedarf der vorherigen Zustimmung des Verlages. Das gilt insbesondere für Vervielfältigungen, Bearbeitungen, Übersetzungen, Mikroverfilmungen, Auswertungen durch Datenbanken und für die Einspeicherung und Verarbeitung in elektronische Systeme. Alle Rechte, auch die des auszugsweisen Nachdrucks, der fotomechanischen Wiedergabe (einschließlich Mikrokopie) sowie der Auswertung durch Datenbanken oder ähnliche Einrichtungen, vorbehalten.

Impressum:

Copyright © 2015 GRIN Verlag
Druck und Bindung: Books on Demand GmbH, Norderstedt Germany
ISBN: 9783668500501

Dieses Buch bei GRIN:

https://www.grin.com/document/372147

Mathias Mohr

Die Berechnung der "Cash Flow Return On Investment"-Kennzahl als Steuerungsinstrument der wertorientierten Unternehmensführung

GRIN Verlag

GRIN - Your knowledge has value

Der GRIN Verlag publiziert seit 1998 wissenschaftliche Arbeiten von Studenten, Hochschullehrern und anderen Akademikern als eBook und gedrucktes Buch. Die Verlagswebsite www.grin.com ist die ideale Plattform zur Veröffentlichung von Hausarbeiten, Abschlussarbeiten, wissenschaftlichen Aufsätzen, Dissertationen und Fachbüchern.

Besuchen Sie uns im Internet:

http://www.grin.com/

http://www.facebook.com/grincom

http://www.twitter.com/grin_com

Portfolio

im Studiengang General Management

Jahrgang 2014

Thema:

Die Berechnung der Kennzahl *Cash Flow Return On Investment* als Steuerungsinstrument der wertorientierten Unternehmensführung

eingereicht von
Mathias Mohr
aus Köln

am 06. Dezember 2015

Inhaltsverzeichnis

INHALTSVERZEICHNIS II

ABBILDUNGSVERZEICHNIS III

1 EINLEITUNG 1

2 WERTORIENTIERTE UNTERNEHMENSFÜHRUNG 2

2.1 Grundlagen und Begriffsdefinition 2

2.2 Notwendigkeit und Relevanz 3

3 WERTORIENTIERTE KENNZAHLEN 4

3.1 GRUNDLAGEN 4

3.2 Kennzahl "Cash Flow Return On Investment" 4

3.3 Beurteilung des CFROI 8

4 FAZIT 9

5 LITERATURVERZEICHNIS 10

Abbildungsverzeichnis

Abbildung 1: Berechnung der Bruttoinvestitionsbasis 6
Abbildung 2: Berechnung Brutto Cash Flow 6
Abbildung 3: Berechnung des Nettowertes der nicht abschreibbaren Aktiva 7
Abbildung 4: Berechnung der durchschnittlichen Nutzungsdauer 7
Abbildung 5: Berechnung des CFROI 8

1 Einleitung

Die vorliegende Arbeit behandelt die Thematik der wertorientierten Unternehmensführung an der explizit ausgewählten Kennzahl *Cash Flow Return On Investment*. Die Thematik wertorientierte Unternehmensführung gewinnt in den letzten Jahren bei Unternehmen, die auf Eigenkapitalgeber angewiesen sind, immer mehr an Bedeutung. Der genaueren Betrachtung der Kennzahl *Cash Flow Return On Investment* liegt die Überlegung zu Grunde diese Kennzahl als Steuerungsgröße der einzelnen Geschäftsbereiche der Media Broadcast GmbH zu implementieren.

Zu Beginn der Arbeit beschäftige ich mich mit den Grundlagen und der Begriffsdefinition der wertorientierten Unternehmensführung um dann auf die Berechnung und die Definition der Kennzahl *Cash Flow Return On Investment* einzugehen.

2 Wertorientierte Unternehmensführung

2.1 Grundlagen und Begriffsdefinition

Um die Thematik der vorliegenden Arbeit zu verstehen, ist es unumgänglich eine Definition der wertorientierten Unternehmensführung zu finden. Hierbei ist zunächst zu betonen, dass dies bisher in der Fachliteratur noch nicht geschehen ist. Nach der Auffassung von Weber steht die wertorientierte Unternehmensführung im Einklang mit dem Shareholder-Value-Ansatz.[1] Alfred Rappaport entwickelte in den 1980er Jahren den Shareholder-Value-Ansatz unter der Prämisse, dass die Vielzahl der einzelnen Unternehmensaktivitäten stets an das von den Eigenkapitalgebern vorgegebene Ziel der Unternehmenswertsteigerung auszurichten ist.[2] Dabei ist davon auszugehen, dass der Grundgedanke der Eigenkapitalgeber eine langfristige Unternehmenswertsteigerung ist und somit kein Interesse an einer kurzfristigen Optimierung ihres Investmentportfolios besteht.[3]

Somit ist die Langfristigkeit der wertorientierten Unternehmensführung als erstes Kennzeichen festzuhalten. Um den Wert einer Unternehmung festzustellen eignet sich die Diskontierung sämtlicher zukünftiger Zahlungsströme auf einen Bewertungsstichtag.[4] Dieses so genannte Discounted Cash Flow Verfahren geht davon aus, dass der Wert eines Unternehmens dem Barwert der zukünftigen Zahlungsströme entspricht, die mit einem risikoadäquaten Diskontierungszinssatz bewertet werden. Somit ergeben sich die Kennzeichen zwei und drei, nämlich Zukunftsorientierung und Zahlungsmittelorientierung.

Zusammenfassend ergeben sich für das weitere Verständnis des Begriffs wertorientierte Unternehmensführung und der vorliegenden Arbeit die Charakteristiken langfristig, zukunftsorientiert und zahlungsmittelorientiert.

---

[1] Vgl. Weber 2004, S. 5

[2] Vgl. Rappaport 1999, S. 1

[3] Vgl. Weber 2004, S. 6

[4] Vgl. Banzhaf 2006, S. 134

2.2 Notwendigkeit und Relevanz

Um im Wesentlichen die Interessen der Anteilseigener bzw. Eigenkapitalgeber angemessen zu berücksichtigen ist eine wertorientierte Unternehmensführung von großer Bedeutung, da diese Unternehmensanspruchsgruppe auf den Unternehmenserfolg angewiesen ist, um eine entsprechende Rendite zu erzielen.[5] Diese Interessensbeziehung findet ihren Grundgedanken in der Principal-Agent-Theorie. In dieser Theorie wird die Kooperation zwischen zwei Akteuren analysiert. Hintergrund ist die optimale Vertragsgestaltung zwischen Principal (Auftraggeber) und Agent (Auftragnehmer). Die Ziele der beiden Akteure können unterschiedlich sein.[6] Bei der wertorientierten Unternehmensführung ist der Principal der Eigenkapitalgeber und somit der Agent der Eigenkapitalnehmer. Der Principal überlässt dem Agent Kapital zur freien Verfügung und muss darauf vertrauen, dass der Agent sein Kapital zielgerichtet, wertsteigernd und zweckentsprechend verwendet.[7] Um die Ziele der beiden Akteure in Einklang zu bringen findet für die Agents in der Praxis eine wertorientierte Entlohnung statt.[8]

Aus der Sicht eines Unternehmens besteht starkes Interesse die wertorientierte Unternehmensführung zu implementieren, da ein zunehmender Wettbewerb um die Ressource Kapital stattfindet.[9] Ebenfalls dient die wertorientierte Unternehmensführung der zielorientierten Steuerung der Geschäfte, die klassischen Kennzahlen wie Umsatzrendite und Kapitalrendite bieten hierzu nicht die notwendige Aussagefähigkeit, Rückschlüsse auf vergangene oder zukünftige Geschäftsentwicklungen mehrerer Geschäftsbereiche beziehungsweise Unternehmensbereiche zu ziehen. Eine Betrachtung des Kapitaleinsatzes findet aus Sicht der wertorientierten Unternehmensführung nur unzureichend statt. In die Berechnung der Kapitalrendite fließt zwar der Kapitaleinsatz mit ein, jedoch lässt sich kein Rückschluss auf die Altersstruktur ziehen und stellt somit

---

[5] Vgl. Gladen 2003, S. 36

[6] Vgl. Wöhe 2010, S. 23

[7] Vgl. Coenenburg 2003, S. 10

[8] Vgl. Steinhauer 2007, S. 46

[9] Vgl. Gebhardt/Mansch 2005, S. 1

ein Hindernis in der Vergleichbarkeit mehrerer Geschäftsbereiche dar. Durch den Einsatz der wertorientierten Unternehmensführung wird versucht die Denkweise der Shareholder – Wie viel Kapital fließt in das Geschäft, wie viel kommt wieder zurück – in die Unternehmenssteuerung zu implementieren.[10]

3 Wertorientierte Kennzahlen

3.1 Grundlagen

Wie schon im vorherigen Kapitel angeführt reichen traditionelle Kennzahlen wie Umsatzrendite, EBITDA oder Kapitalrendite nicht mehr als Steuerungsgrößen aus und werden zunehmend durch wertorientierte Kennzahlen wie Economic Value Added (EVA), Return On Capital Empoyed (ROCE), Cash Value Added (CVA) oder Cash Flow Return On Investment (CFROI) ergänzt oder ersetzt.[11] Nach Auffassung von Langguth sind wertorientierte Kennzahlen kapitalmarktorientierte, am Shareholder-Value ausgerichtete, quantitative Beurteilungsgrößen der Geschäftstätigkeit, die im Rahmen einer wertorientierten Unternehmensführung unter expliziter Berücksichtigung der gesamten Kapitalkosten (Fremd- und Eigenkapitalkosten) den Gesamtwert eines Unternehmens (bzw. einzelner Unternehmenseinheiten), den Marktwert des Eigenkapitals und den in einer Periode geschaffenen, zusätzlichen Wert messen.[12]

3.2 Kennzahl "Cash Flow Return On Investment"

In Anbetracht der Anforderungen bezüglich der Seitenanzahl, die an die Erstellung dieser vorliegenden Arbeit als Maßstab festgelegt wurden, wird im Folgenden nur auf die wertorientierte Kennzahl *Cash Flow Return On Investment* (CFROI) eingegangen.

---

[10] Vgl. Bruhn 1998, S. 83

[11] Vgl. Gitt/ Völl/ Kettenring 2013, S. 104

[12] Vgl. Langguth 2008, S. 138

Die Kennzahl *Cash Flow Return On Investment* ist eine modellhafte Darstellung der Verzinsung des im jeweiligen Unternehmensbereich gebundenen Kapitals.

Das Modell des CFROI, nach Lewis bzw. der Boston Consulting Group, ist eine Weiterentwicklung der internen Zinsfußmethode. Bei diesem Modell geht man davon aus, dass die Bruttoinvestition (Auszahlungen), einem gleichbleibenden Brutto Cash Flow (Einzahlungen), sowie einem Liquidationserlös in Form und Höhe der nicht planmäßigen Abschreibung der Aktiva am Ende der Nutzungsdauer entspricht. Sobald der interne Zinsfuß über dem von den Kapitalgebern geforderten Kapitalkostensatz liegt, ist eine Investition wertschaffend. Die Ermittlung findet stets zu Wiederbeschaffungswerten statt.[13]

Der CFROI wird ermittelt aus dem Verhältnis des Brutto Cash Flow und den Bruttoinvestitionen der einzelnen Investitionsprojekte. Zusätzlich wird zur Ermittlung des CFROI die durchschnittliche Nutzungsdauer benötigt. Die Berechnung erfolgt in fünf Schritten:

- die Berechnung der inflationsbereinigten Bruttoinvestitionsbasis (vgl. Abb. 1)
- die Berechnung des Nettowertes der nicht abschreibbaren Aktiva (vgl. Abb. 2)
- die Berechnung des inflationsbereinigten Brutto Cash Flow (vgl. Abb. 3)
- die Berechnung der durchschnittlichen Nutzungsdauer (vgl. Abb. 4)

und schließlich die Berechnung des *Cash Flow Return On Investments* (vgl. Abb. 5) auf Grundlage der zuvor berechneten Kennzahlen.[14]

---

[13] Vgl. Skrzipek 2005, S. 37

[14] Vgl. Langguth 2008, S. 166

Die Bruttoinvestitionsbasis gibt die Summe der Investitionen des gebundenen Kapitals abzüglich des Abzugskapitals an. Alle folgenden Abbildungen wurden in Anlehnung an Langguth erstellt. Die Berechnung der Bruttoinvestitionsbasis ist in Abbildung 1 dargestellt.

Buchwert Sachanlagevermögen (SAV)

+ Kumulierte Abschreibung auf das SAV

= **Historische Anschaffungskosten des SAV**

+ Inflationierung (soll Marktwert annähern)

= **Aktualisierter Anschaffungswert des SAV**

+ Buchwert des nicht abschreibbaren Anlagevermögens

+ Buchwert Umlaufvermögen

= **Aktualisierter Anschaffungswert der Aktiva**

- Abzugskapital[15]

= **Bruttoinvestitionsbasis (BIB)**

Abbildung 1: Berechnung der Bruttoinvestitionsbasis

Im zweiten Berechnungsschritt erfolgt die Ermittlung des Brutto Cash Flow, indem die Aussage des Ergebnisses am Ende einer Periode (EBIT) bereinigt wird um die Unternehmenssteuern auf das operative Ergebnis zuzüglich der Summe der Abschreibung bzw. Zuschreibung der Periode und der Subsumierung der Veränderungen der Rückstellungen (vgl. Abb. 2).

EBIT

- Unternehmenssteuern auf das operative Ergebnis

= **Net operating profit after taxes (NOPAT)**

+/- Abschreibungen/Zuschreibungen

+/- Erhöhung/Verminderungen Rückstellungen

= **Brutto Cash Flow**

Abbildung 2: Berechnung Brutto Cash Flow

---

[15] Unter Abzugskapital werden die nicht verzinslichen Verbindlichkeiten zusammengefasst.

Die dritte Teilberechnung beschäftigt sich mit der Ermittlung des Nettowertes der nicht abschreibbaren Aktiva, dies ist die Differenz aus der Summe der nicht abschreibbaren Aktiva abzüglich des nicht verzinslichen Fremdkapitals und stellt somit einen zusätzlichen Zahlungsfluss am Ende der Nutzungsdauer dar.[16]

Buchwert immaterieller Vermögensgegenstände
+ Buchwert Grundstücke
+ Buchwert Finanzanlagen
+ Buchwert Umlaufvermögen
+ Buchwert Aktive RAP
- nicht verzinsliches Fremdkapital
= **Nettowert der nicht abschreibbaren Aktiva**

Abbildung 3: Berechnung des Nettowertes der nicht abschreibbaren Aktiva

Die Berechnung der durchschnittlichen Nutzungsdauer kann man aus dem Verhältnis der bewerteten historischen Anschaffungskosten des Anlagevermögens und der jährlichen linearen Abschreibung ermitteln.[17]

$$Nutzungsdauer = \frac{zu\ historischen\ Anschaffungskosten\ bewertetes\ abschreibbares\ Anlagevermögen}{jährliche\ lineare\ Abschreibung}$$

Abbildung 4: Berechnung der durchschnittlichen Nutzungsdauer

---

[16] Vgl. Langguth 2008, S. 170

[17] Vgl. Langguth 2008, S. 168

$$-BIB_0 + \sum_{t=1}^{n} \frac{BCF_t}{(1+CFROI)^t} + \frac{b_n}{(1+CFROI)^t} \stackrel{!}{=} 0$$

Abbildung 5: Berechnung des CFROI

mit:

BCF_t = Brutto Cash Flow der Periode t
BIB_0 = Bruttoinvestitionsbasis
CFROI = Cash Flow Return On Investment
n = (Voraussichtliche) Nutzungsdauer
t = Laufzeit
b_n = Nettowert der nicht abschreibbaren Aktiva

3.3 Beurteilung des CFROI

Mit dem *Cash Flow Return On Investment* können buchhalterische Verzerrungen korrigiert und Inflationswirkungen ausgeschaltet werden. Ein weiterer Vorteil des CFROI Ansatzes besteh darin, dass wesentliche Informationen aus dem Jahresabschluss übernommen werden und das CFROI Konzept somit auch für externe Analyse anwendbar ist.

Methodische Schwierigkeiten bestehen aus der widersprüchlichen Wideranlagenprämisse der Internen Zinsfussmethode. Ein weiterer Kritikpunkt betrifft die Schwierigkeit bei der praktischen Ermittlung des CFROI. Insbesondere die Schätzung der Nutzungsdauer sowie die Inflationsrate sind zwar theoretisch sinnvoll, in der Praxis jedoch mit erheblichen Problemen verbunden.[14]

---

[18] Vgl. Langguth 2008, S. 173

4 Fazit

Das Augenmerk der Arbeit lag für mich darin, die Grundlagen der wertorientierten Unternehmensführung unter der geforderten Kennzahl *Cash Flow Return On Investment* zu erarbeiten. Bei der Erarbeitung und Betrachtung der Zusammenhänge kam ich zur Überzeugung, dass für die moderne Unternehmensführung die klassischen Kennzahlen nicht mehr ausreichen. Es müssen neue Ansätze mit herangezogen werden. Die Einführung neuer Kennzahlen gibt dem Management äußerst hilfreiche und sinnvolle Rückschlüsse auf den Wertzuwachs oder Vernichtung von Unternehmenswerten. Die Berechnung des CFROI erweist sich als sehr umfangreich, da eine Vielzahl von Unternehmensinformationen ermittelt, bewertet und berücksichtigt werden müssen.

5 Literaturverzeichnis

BANZHAF, Jürgen (2006): Wertorientierte Berichterstattung (Value Reporting): Analyse der Relevanz wertorientierter Informationen für Stakeholder unter besonderer Berücksichtigung von Mitarbeitern, Kunden und Lieferanten, Lang, Frankfurt 2006.

BRUHN, Manfred (1998): Wertorientierte Unternehmensführung: Perspektiven und Handlungsfelder für die Wertsteigerung von Unternehmen; Festschrift zum 10jährigen Bestehen des Wirtschaftswissenschaftlichen Zentrums (WWZ) der Universität Basel, Betriebswirtschaftlicher Verlag Dr. Th. Gabler, Wiesbaden.

CONENBERG, Adolf G./ Salfeld, Rainer (2007): Wertorientierte Unternehmensführung. Vom Strategieentwurf zur Implementierung, 2. Auflage, Schäffler-Pöschel Verlag, Stuttgart.

GITT, Nils / Völl, Wolfgang/ Kettenring, Tim (2013): Anwendung wertorientierter Steuerungskennzahlen in deutschen HDAX-Unternehmen. Aktueller Stand und Entwicklungen, Controlling – Zeitschrift für erfolgsorientierte Unternehmenssteuerung, Heft 2, Verlag Franz Vahlen, München.

GLADEN, Werner (2003): Kennzahlen und Berichtssysteme – Grundlagen zum Performance Measurement, 2. Auflage, Betriebswirtschaftlicher Verlag Dr. Th. Gabler, Wiesbaden.

LANGGUTH, Heike (2008): Kapitalmarktorientiertes Wertmanagement. Unternehmensbewertung und Berichterstattung, Verlag Franz Vahlen, München.

RAPPAPORT, Alfred (1998): Shareholder Value. Ein Handbuch für Manager und Investoren, 2. Auflage, Schäffler-Poeschel Verlag, Stuttgart.

SKRZIPEK, Markus (2005): Shareholder Value versus Stakeholder Value, 1. Auflage, Deutscher-Universitäts-Verlag/ GWV Fachverlage GmbH, Wiesbaden.

WEBER, Jürgen u.a. (2004): Wertorientierte Unternehmenssteuerung, Konzepte – Implementierung – Praxisstatements, Betriebswirtschaftlicher Verlag Dr. Th. Gabler, Wiesbaden.

WÖHE, Günter (2010): Einführung in die Allgemeine Betriebswirtschaftslehre, Franz Vahlen GmbH, München.

BEI GRIN MACHT SICH IHR WISSEN BEZAHLT

- Wir veröffentlichen Ihre Hausarbeit, Bachelor- und Masterarbeit

- Ihr eigenes eBook und Buch - weltweit in allen wichtigen Shops

- Verdienen Sie an jedem Verkauf

Jetzt bei www.GRIN.com hochladen und kostenlos publizieren